www.ingramcontent.com/pod-product-compliance
Lightning Source LLC
Chambersburg PA
CBHW071406220526
45469CB00004B/1181
* 9 7 8 1 7 2 7 0 0 0 6 5 8 *